JN071807

だいじょうぶ牧師の元気が出る聖書のことば

140字の福音

木坂聖一

Forest Books

お読みになるあなたへ

これから始まる一四〇字のことばは、木坂聖一牧師が聖書のことばを、日常語に私訳したものです。毎朝ＳＮＳで語り続けてきたことばの中から、厳選してお送りする、あなたへの愛のメッセージです。

【目次】

1章　だいじょうぶ……5
2章　大切なこと……35
3章　愛されているから……63
あとがき　木坂　貢子……93

だいじょうぶ
だいじょうぶ

第1章　だいじょうぶ

問題や悩みを自分で何とかしようと苦しんでいませんか？　神様を忘れていませんか？　神様はあなたを愛していつも見守っておられますよ。神様を信じてください。神様に、助けてくださいと言いましょう。神様はあなたを絶対に見捨てられません。必ず助けてくださいます。

あなたの重荷を主にゆだねよ。
主があなたを支えてくださる。
主は決して
正しい者が揺るがされるようにはなさらない。

（旧約聖書・詩篇55篇22節）

落ち着け、落ち着け。あわてるな。私には神様がついている。神様は私を愛しておられる。必ず助けてくださる。信じよう、神様を。一番いいタイミングですばらしいことをしてくださる。神様は絶対に私を見捨てられない、だいじょうぶ、だいじょうぶ。信じよう。

わがたましいよ
なぜおまえはうなだれているのか。
なぜ私のうちで思い乱れているのか。
神を待ち望め。
私はなおも神をほめたたえる。
私の救い私の神を。

（旧約聖書・詩篇42篇11節）

「今のままじゃダメだ、もっと頑張って成功しなくてはと、いつも自分を叱咤《しった》激励し、疲れている人は、わたし（キリスト）の話を聞いてください。あなたはもう十分に頑張っています。他の人が認めなくてもわたしは知っています。あなたはもう今のまま、神様の愛の中にあります。安心してください。」

「……すべて疲れた人、重荷を負っている人はわたしのもとに来なさい。わたしがあなたがたを休ませてあげます。……」

（新約聖書・マタイの福音書11章28節）

一人で強く生きていくんだ、と強がらないで、自分の弱さを認めることです。人間はだれでも弱い存在です。そして、神様が助けてくださると信頼して、毎日、希望をもって前向きに生きることです。神様は愛のお方です。生活に必要なものはちゃんと与えてくださいます。

へりくだりと、主を恐れることの報いは、富と誉れといのち。

（旧約聖書・箴言22章4節）

「もう何が起こっても恐れたり、おびえたりする必要はありません。わたし（神）があなたといつも一緒にいるからです。わたしはあなたの味方です。あなたを助けます。守ります。だから恐れないで、勇気を出して、どんなときも希望を失わないでください。もうだいじょうぶです。」

「……恐れるな。わたしはあなたとともにいる。たじろぐな。わたしがあなたの神だから。わたしはあなたを強くし、あなたを助け、わたしの義の右の手で、あなたを守る。……」

（旧約聖書・イザヤ書41章10節）

人から認められたい、評価されたいと心ひそかに焦っていませんか？　イライラしていませんか？　神様はあなたの努力をいつもちゃんと見ておられます。落ち着いて今日もすべきことをしましょう。いつか一番いいタイミングで神様は必ず報いてくださいますから。焦らない焦らない。

ですから、あなたがたは神の力強い御手《みて》の下にへりくだりなさい。神は、ちょうど良い時に、あなたがたを高く上げてくださいます。

（新約聖書・ペテロの手紙第一５章６節）

人は幸せになるための計画を考えます。しかし、残念ながら多くの場合、願ったとおりに進まず、私たちは失望します。知っていただきたいのです、この世界を導くのは人間ではなく、神様だということを。神様は人を愛して、いつも最善に導かれます。神様を信頼して任せましょう。

人は心に自分の道を思い巡らす。しかし、主が人の歩みを確かにされる。
（旧約聖書・箴言16章9節）

「人は草に似ています。草は花を咲かせても、やがて散り、枯れます。すばらしい成績を取り、業績を上げると認められ、ほめられます。しかし、それは一時的ですぐに過去のものとなり、忘れ去られます。この世の栄光は虚しいです。神様は永遠にあなたを認めてくださいます。」

「人はみな草のよう。その栄えはみな草の花のようだ。草はしおれ、花は散る。
……」

（新約聖書・ペテロの手紙第一 1章24節）

大好きな皆さん、神様は皆さんを受け入れて、神様の家族の一員としてくださいます。またいつも一緒にいてくださいます。神様が約束してくださいました。ですから、その神様を信じて、もう他のもので満足する必要もないのです。神様がおられるので、もうだいじょうぶです。

「……わたしは、あなたがたを受け入れ、わたしはあなたがたの父となり、あなたがたはわたしの息子、娘となる。――全能の主は言われる。」愛する者たち。このような約束を与えられているのですから、肉と霊の一切の汚れから自分をきよめ、神を恐れつつ聖さを全うしようではありませんか。
（新約聖書・コリント人への手紙第二6章17、18節、7章1節）

私たちは、これからどうなるか、困ったことにならないかと将来のことを心配します。もし将来、実際にそうなったら考えればいいのです。今は、今すべきことがあります。それを一生懸命にしっかりしましょう。神様はあなたを見守っておられます。だいじょうぶですから。

「……ですから、明日のことまで心配しなくてよいのです。明日のことは明日が心配します。苦労はその日その日に十分あります。……」

（新約聖書・マタイの福音書6章34節）

「あなたの神であるわたしは、あなたを愛しています。いつも一緒にいます。あなたが家にいるときから、職場にも、学校にも、スーパーにも、どこでもわたしはあなたと共にいます。いつもあなたを見守っています。だから恐れること、心配することはありません。安心してください。」

「……わたしはあなたに命じたではないか。強くあれ。雄々しくあれ。恐れてはならない。おののいてはならない。あなたが行くところどこででも、あなたの神、主があなたたとともにいるのだから。」

（旧約聖書・ヨシュア記1章9節）

悲しいとき、つらいとき、私は一人ぼっちだ、と思ってしまいます。でも決して一人ではありません。神様は忘れてはおられません。ちゃんと見守り、その悲しい気持ちを受け止めていてくださいます。そして、いつかそのことにも深い意義があることを教えて、慰め、励ましてくださいます。

「……悲しむ者は幸いです。その人たちは慰められるからです。……」
（新約聖書・マタイの福音書5章4節）

気をつけましょう、悪魔があなた方を狙ってます。「お前はダメな人間だ、神様が救うわけがない」と。うっかりするとだまされます。「いいえ、私は神様に愛され、キリストによって救われている」としっかり信じましょう。だれでも同じ誘惑にあいます。しかし、神様のことを思い出して勝利しましょう。

身を慎み、目を覚ましていなさい。あなたがたの敵である悪魔が、吼《ほ》えたける獅子のように、だれかを食い尽くそうと探し回っています。堅く信仰に立って、この悪魔に対抗しなさい。ご存じのように、世界中で、あなたがたの兄弟たちが同じ苦難を通ってきているのです。

（新約聖書・ペテロの手紙第一5章8、9節）

困ったとき、どうしていいかわからないときは、神様に祈りましょう。神様は皆さんを愛しておられ、とても気前がいい方ですから、的確な知恵やアイデア、アドバイスを与えてくださいます。「自分で考えなさい」、「自己責任です」、などと叱られることはありません。安心して求めましょう。

あなたがたのうちに、知恵に欠けている人がいるなら、その人は、だれにでも惜しみなく、とがめることなく与えてくださる神に求めなさい。そうすれば与えられます。

（新約聖書・ヤコブの手紙1章5節）

「わたし（神）はここにいます。わたしを信じてください。そしてわたしに話しかけてください。必ずわたしは聞きます。そして一番いいタイミングであなたを助けます。これからのことはだれにもわかりません。しかしわたしは知っています。何が起こってもわたしがいます。だいじょうぶ、わたしを信頼してください。」

「わたしを呼べ。そうすれば、わたしはあなたに答え、あなたが知らない理解を超えた大いなることを、あなたに告げよう。」

（旧約聖書・エレミヤ書33章3節）

私たちが救われるために、天に上るとか、また地を深く掘るといった難行《なんぎょう》苦行《くぎょう》をする必要はありません。キリストによって救いはすでに完成し提供され、すぐここに来ているからです。だから、今ここで「神様！」と呼ぶだけ、たったそれだけであなたは救われます。本当です。

「……しかし、主の御名《みな》を呼び求める者はみな救われる。」
（新約聖書・使徒の働き2章21節）

神様は言われました。「わたしは弱くて何もないあなたにこそ恵みを注ぎます。弱いほうがいいのです」と。驚きました。強くないとダメだと思っていたからです。これからは安心して弱く、何もない自分に自信をもつことができます。弱い私でも神様は豊かに愛してくださるのですから。

しかし主は、「わたしの恵みはあなたに十分である。わたしの力は弱さのうちに完全に現れるからである」と言われました。ですから私は、キリストの力が私をおおうために、むしろ大いに喜んで自分の弱さを誇りましょう。

（新約聖書・コリント人への手紙第二12章9節）

私たちは神様が造られた最高傑作です。神様は私たちが互いに愛し合い、赦《ゆる》し合い、助け合って生きるようにしてくださっています。神様は遥《はる》か前から、この宇宙ができる前から、私たちを知っていて準備し、そして実現してくださいました。だから自信をもちましょう。

実に、私たちは神の作品であって、良い行いをするためにキリスト・イエスにあって造られたのです。神は、私たちが良い行いに歩むように、その良い行いをあらかじめ備えてくださいました。

（新約聖書・エペソ人への手紙2章10節）

私たちはいろいろなことを不安に思い、悩みます。でも、そんなに心配することはありません。神様がおられるからです。必ず道を開いてくださいます。神様を信頼し、感謝して、心配なこと、こうなったらという願いを打ち明けましょう。すると心がすーっと落ち着いてきます。

何も思い煩わないで、あらゆる場合に、感謝をもってささげる祈りと願いによって、あなたがたの願い事を神に知っていただきなさい。

（新約聖書・ピリピ人への手紙４章６節）

「わたしはあなたといつも一緒にいます。どこに行っても共にいます。絶対にあなたを見捨てることはありません。だから勇気を出して自信をもちましょう。どんな時にも、必ず良くなると希望をもってもだいじょうぶです。あなたには神であるわたしがついているのですから。」

「……わたしはあなたに命じたではないか。強くあれ。雄々しくあれ。恐れてはならない。おののいてはならない。あなたが行くところどこでも、あなたの神、主があなたとともにいるのだから。」

（旧約聖書・ヨシュア記１章９節）

夜も眠れないような心配なとき、不安なとき、恐れるときがあります。また「あぁ、私は何てダメな人間だろう」と自信をなくしてしまうこともあります。そんなとき、私を励まし、勇気と希望で満たしてくださるのは神様の愛のことばです。「だいじょうぶ、わたしはあなたを決して見捨てない」と。

私のうちで思い煩いが増すときに
あなたの慰めで私のたましいを喜ばせてください。

（旧約聖書・詩篇94篇19節）

どんな人もキリストによって新しい人間になることができます。古い汚れた、ダメな自分はいなくなり、全く新しい人間になるのです。頭は古いダメな人間のままで何も変わってないと言いますが、それは間違いです。新しくなった事実を信じることです。だれでもやり直せます。

ですから、だれでもキリストのうちにあるなら、その人は新しく造られた者です。古いものは過ぎ去って、見よ、すべてが新しくなりました。
（新約聖書・コリント人への手紙第二5章17節）

神様、あなたが造られたこの宇宙を見ます。月も星もみんなちょうどいい場所におかれています。何とすばらしい世界でしょう。しかしそれに引き換え、人間は何とちっぽけな存在でしょう。でも、こんな私たちをあなたが愛していつも見守ってくださいます。それは驚きです。

あなたの指のわざであるあなたの天
あなたが整えられた月や星を見るに
人とは何ものなのでしょう。
あなたが心に留められるとは。
人の子とはいったい何ものなのでしょう。
あなたが顧みてくださるとは。

（旧約聖書・詩篇8篇3、4節）

神様、あなたはとても偉大なお方です。こんな私をあわれみ、愛し、恵んでくださり、ありがとうございます。あなたが私を祝福されるご計画は遥《はる》か昔、この宇宙が造られる前からでした。それはビックリする事実です。それを本当に実現してくださって心から感謝しています。

主よ、あなたは私の神。私はあなたをあがめ、御名《みな》をほめたたえます。あなたは遠い昔からの不思議なご計画を、まことに、真実に成し遂げられました。

（旧約聖書・イザヤ書25章1節）

神様の子であるイエス様は、あなたを愛して、いつも優しく見守っておられます。だいじょうぶです。イエス様を信じてください。いつもあなたのそばにおられます。いいえ、もっと近く、あなたのうちにおられるのです。イエス様といつも一緒に生きるとは何と幸せでしょうか。

だれでも、イエスが神の御子《みこ》であると告白するなら、神はその人のうちにとどまり、その人も神のうちにとどまっています。

（新約聖書・ヨハネの手紙第一4章15節）

神様の愛をどのように説明したらいいのでしょうか。もし、神様が私たちの味方なら、と考えましょう。すると私たちの敵となって戦って、勝てる人はいるでしょうか？　いるわけがありません！　そうです、神様は私たちの味方なのです！　だからだいじょうぶなのです。

では、これらのことについて、どのように言えるでしょうか。神が私たちの味方であるなら、だれが私たちに敵対できるでしょう。

（新約聖書・ローマ人への手紙8章31節）

神様は天から私たち人間を見張っている怖い方ではありません。私たちを愛しておられます。神様のひとり子キリストをこの世に遣わされたのはその証拠です。キリストは私たちに罰を与えるのではなく、神様の愛を語り、十字架と復活によって私たちを救ってくださったのです。

神が御子《みこ》を世に遣わされたのは、世をさばくためではなく、御子によって世が救われるためである。

（新約聖書・ヨハネの福音書3章17節）

神様は私たちの祈りを喜んで聞いてくださっています。そして私たちに必ず良いことをしてくださいます。また、嫌なことでも良いことへと変えてくださいます。だからいつも神様を信じて前向きに生きることです。また祈り、求め続けることです。

だいじょうぶです。

「……だれでも、求める者は受け、探す者は見出《いだ》し、たたく者には開かれます。……」

（新約聖書・マタイの福音書7章8節）

神様はあなたを愛して、いつも見守っておられます。味方であり、あなたの一番の理解者です。私たちは問題が起こると恐れ、あわて、何とかしないといけないと焦ります。だいじょうぶです。神様はわかっておられます。神様を信頼して、落ち着きましょう。

「……主があなたがたのために戦われるのだ。あなたがたは、ただ黙っていなさい。」

（旧約聖書・出エジプト記14章14節）

第２章　大切なこと

どんな人も見下したりせずに、自分より優れた人として接しましょう。そのようにすると人からいい人だ思われるとか、人間関係がうまくいくとか、利益のためでなく、心から人を大切にすることです。私たちも、その人も神様が愛され、造られ、大切にされている存在ですから。

何事も利己的な思いや虚栄からするのではなく、へりくだって、互いに人を自分よりすぐれた者と思いなさい。

（新約聖書・ピリピ人への手紙2章3節）

「だれかが私にこうしてくれたらうれしいな」と思うことを、人にしてあげましょう。きっとその人に喜ばれます。これが愛の生き方です。実は旧約聖書に書いてある律法や、預言者が言うことは、結局はこの愛の生き方を示しているのです。

「……ですから、人からしてもらいたいことは何でも、あなたがたも同じように人にしなさい。これが律法と預言者です。……」
（新約聖書・マタイの福音書7章12節）

一人で考えて実行するより、みんなで協力して企画し、行うほうが、遥《はる》かに優れた良いことができます。一人ひとりの知恵も人脈なども限られるからです。また何をするにも大変さはありますが、みんなで苦労したら、終わった後の喜びや達成感は、一人のときの何倍にもなります。

二人は一人よりもまさっている。二人の労苦には、良い報いがあるからだ。
(旧約聖書・伝道者の書4章9節)

人生の一番の土台は人を思いやる心です。人の失敗、間違いを責めるのでなく、大切に思い、その人のために何かできないか考え、助けてあげることです。みんながそんな気持ちをもっていたら、この世界はとってもすばらしいところになると思いませんか？　私たちから始めましょう。

何よりもまず、互いに熱心に愛し合いなさい。愛は多くの罪をおおうからです。
（新約聖書・ペテロの手紙第一 4章8節）

人は物事がうまくいくと、自分は優れていると傲慢になり、他の人を見下すようになります。しかしそういう人は破滅に近づいています。命も才能も、チャンスも神様が与えてくださった恵みなのです。威張らず、おごらず、謙遜になって、いつも感謝の心を忘れないことです。

高慢は破滅に先立ち、高ぶった霊は挫折に先立つ。

（旧約聖書・箴言16章18節）

本当に思ったことだからと、正直に何でも話せばいいということではありません。時には人を傷つけたり、怒らせたりして人間関係を壊してしまうこともあります。その人を励まし、慰め、力づけるようなことばを話したいですね。

悪いことばを、いっさい口から出してはいけません。むしろ、必要なときに、人の成長に役立つことばを語り、聞く人に恵みを与えなさい。

（新約聖書・エペソ人への手紙4章29節）

本当に偉い人、優れた人、立派な人とは、必ずしも人前に立って人を指導する人ではありません。かえって目立たず、陰でそっと人に仕え、支えている人なのです。神様はその人をちゃんと見ておられ、豊かに報いてくださいます。

「……あなたがたのうちで一番偉い者は皆に仕える者になりなさい。だれでも、自分を高くする者は低くされ、自分を低くする者は高くされます。……」
（新約聖書・マタイの福音書23章11、12節）

正しいことをして、人から悪口を言われたり、批判されたとしても、何ら恥じることはありません。自信をもちましょう。神様はあなたのことを喜んでいてくださるからです。この世の批判や評価、また称賛にしても、それらは一時的なことです。しかし神様のあなたを喜ぶ思いは永遠なのですから。

「……義のために迫害されている者は幸いです。天の御国《みくに》はその人たちのものだからです。……」

（新約聖書・マタイの福音書5章10節）

自分と考え方が違うからと、むやみに争うのでなく、柔和な心でその人を理解しようと努めましょう。人の間違い、失敗を怒るのではなく、赦《ゆる》し、受け入れるきよい心をもちたいです。それはキリストが私たちにしてくださっていることで、私たちに相応《ふさわ》しいことですから。

すべての人との平和を追い求め、また、聖《きよ》さを追い求めなさい。聖さがなければ、だれも主を見ることができません。

（新約聖書・ヘブル人への手紙12章14節）

ひどいことをされたからといって、同じようなことで仕返しをするのはよくありません。それは相手と同じレベルの人間になることです。また復讐《ふくしゅう》の連鎖となり泥沼に落ち込みます。そうでなく私たちはだれに対しても、良いことをしましょう。神様が私たちを赦されたように。

だれも、悪に対して悪を返さないように気をつけ、互いの間で、またすべての人に対して、いつも善を行うように努めなさい。

(新約聖書・テサロニケ人への手紙第一5章15節)

私たちは自分の心をもっと大事にしなくてはいけません。乱暴なことばや、否定的、不信仰なことばを使うと、人ばかりでなく話している自分の心も傷つけます。神様の愛を信じて、いつも積極的、建設的、前向きなことばを使いましょう。心が明るいと、生き方も明るくなりますから。

何を見張るよりも、あなたの心を見守れ。いのちの泉はこれから湧く。
（旧約聖書・箴言4章23節）

私たちはいつも自分は正しいと思っています。そして人を裁きます。「あの人がいいとか、悪いとか」。しかし、神様は私たちの心の中のすべて見通されます。私たちの汚れ、弱さ、醜さも。私たちはだれも裁けません。自分自身を知って、正直に謙遜に生きたいですね。

人には自分の歩みがみなまっすぐに見える。しかし、主は人の心を評価される。
（旧約聖書・箴言21章2節）

この世界のものはすべて時間が経《た》つと価値がなくなります。財産も、お金も、名声も、成功も……。それらで安心し、自信をもったとしても、幸せにはなれません。この世は不安定で、確実ではないからです。神様は何があっても変わらずに愛して、認めてくださいます。神様だけが変わりません。

上にあるものを思いなさい。地にあるものを思ってはなりません。
（新約聖書・コロサイ人への手紙3章2節）

信用される人になる条件の一つ、それはどんな小さな約束でもキチンと守ることです。あの人がすると言ったら必ずしてくれる、と信頼されるようになります。反対に小さなことだからといい加減だと信用されません。信用される人が大きなことを任されるようになります。

「……最も小さなことに忠実な人は、大きなことにも忠実であり、最も小さなことに不忠実な人は、大きなことにも不忠実です。……」
（新約聖書・ルカの福音書16章10節）

皆さんを愛して、祝福して、この世界に命を与えてくださったお父さんである神様は、とても優しく、どんな人にも分け隔てなく親切にされます。皆さんはその神様の子どもなのです。だから愛のＤＮＡが内にあります。天のお父さんのように、どんな人にも優しく接したいですね。

「……あなたがたの父があわれみ深いように、あなたがたも、あわれみ深くなりなさい。……」

（新約聖書・ルカの福音書６章36節）

間違う人をすぐに責めるこの世界は、ギスギスして住みにくくなっています。みんな間違うし、失敗することがあります。お互いに赦《ゆる》し合いましょう。そもそも自分がキリストによって罪赦され、受け入れられていることを忘れないでください。

互いに忍耐し合い、だれかがほかの人に不満を抱いたとしても、互いに赦し合いなさい。主があなたがたを赦してくださったように、あなたがたもそうしなさい。

（新約聖書・コロサイ人への手紙3章13節）

真面目に生きても結局はバカを見るのではないか、もっとうまく立ち回ったほうがいいのではと思うことがあります。でも、神様は全部見ておられます。神様をごまかすことなどできません。真実に誠実に生きることです。神様は必ず報いてくださいますから。

思い違いをしてはいけません。神は侮られるような方ではありません。人は種を蒔《ま》けば、刈り取りもすることになります。自分の肉に蒔く者は、肉から滅びを刈り取り、御霊《みたま》に蒔く者は、御霊から永遠のいのちを刈り取るのです。
（新約聖書・ガラテヤ人への手紙6章7、8節）

神様は必要なものはちゃんと用意してくださいます。だから明日はどうだろうかと、心配し過ぎるのは無駄なことです。今日という一日を精一杯生きましょう。そして明日になったら、その今日を精一杯生きればいいのです。今日すべきことをしっかりしたら、それで十分なのです。

「……ですから、明日のことまで心配しなくてよいのです。明日のことは明日が心配します。苦労はその日その日に十分あります。……」

（新約聖書・マタイの福音書６章34節）

悪いことをする人に「倍返しだ！」と仕返しするとスッキリしますが、それはまたさらなる仕返しを引き起こします。ですから親切にしてあげるのです。すると新しいことが起こるような気がしませんか？　難しいですが、私たちはもっとレベルの高い生き方へと招かれています。

悪に負けてはいけません。むしろ、善をもって悪に打ち勝ちなさい。
（新約聖書・ローマ人への手紙12章21節）

悪の誘惑にあうとき、「このような状況に導かれたのは神様だから、これをすることは神様の御《み》心《こころ》だ」と考え、悪を行ってはなりません。悪を行う口実に神様を使うことはできません。神様は決して悪に惑わされることはなく、また人を悪に誘ったりされることもありませんから。

だれでも誘惑されているとき、神に誘惑されていると言ってはいけません。神は悪に誘惑されることのない方であり、ご自分でだれかを誘惑することもありません。

（新約聖書・ヤコブの手紙1章13節）

お金とか物は目に見えているので確実で、約束とかことばは見えないので信用できないと思われます。しかし、この世の見える物は確実になくなります、価値も下がります、盗難にあうかもしれません。でも見えないものは永遠です。神様の「いつもそばにいます」とのことばを私は信じます。

私たちは見えるものにではなく、見えないものに目を留めます。見えるものは一時的であり、見えないものは永遠に続くからです。
（新約聖書・コリント人への手紙第二4章18節）

間違ったこと、直したらいいことなどを指摘されたら、感謝して素直に反省しましょう。その人は愛から言ってくれたのですから。反発を恐れて、指摘することをしない人が多いのです。見えすいたお世辞を言う人より、嫌われても注意してくれる人を大切にしましょう。

あからさまに責めるのは、ひそかに愛するより良い。愛する者が傷つけるのは誠実による。憎む者は多くの口づけでもてなす。

（旧約聖書・箴言27章5、6節）

嫌なことをされたり、裏切られたりしたとき、怒りや憎しみの感情が出てくることは仕方がないことです。しかし、問題はその感情に支配され、怒り、憎しみ続けることです。それを悪魔が利用します。できるだけ早く、赦《ゆる》すことです。神様はあなたの味方です。

怒っても、罪を犯してはなりません。憤ったままで日が暮れるようであってはいけません。悪魔に機会を与えないようにしなさい。
（新約聖書・エペソ人への手紙4章26、27節）

愛する皆さん、私たちは口先だけで、格好いいこと、優しいことを言うだけでなくて、実際にそれを行いましょう。愛はそれが行われて愛となるのです。キリストは私たちを愛して、本当に十字架で死んでくださいました。その愛は本物です。私たちも愛を行い、愛に生きたいです。

子どもたち。私たちは、ことばや口先だけではなく、行いと真実をもって愛しましょう。

（新約聖書・ヨハネの手紙第一3章18節）

聖書にあるおきてや戒めは、私たちを束縛し、苦しめるためのものではありません。それは私たちがだれも傷つけられず、嫌な思いもせず、みんなが仲良く生きるためのものです。そうです。おきての根本には愛があるのです。神様の願いは私たちが愛し合い、幸せになることです。

私たちが御父《みちち》の命令にしたがって歩むこと、それが愛です。あなたがたが初めから聞いているように、愛のうちを歩むこと、それが命令です。

（新約聖書・ヨハネの手紙第二1章6節）

聖書は神様からのラブレターです。神様のあふれる愛が書かれています。また私たちが仲良く、気持ちよく毎日を生きるための有益なアドバイスもあります。聖書によって苦しいときでも慰められ、希望をもって生きることができます。そして神様は天の国まで私たちを導いてくださいます。

かつて書かれたものはすべて、私たちを教えるために書かれました。それは、聖書が与える忍耐と励ましによって、私たちが希望を持ち続けるためです。
(新約聖書・ローマ人への手紙15章4節)

きよい神様が好まれないもののリスト。自慢する、嘘《うそ》をつく、弱い人をいじめる、人に悪意をもつ、犯罪、人をだます、偽証する、人を焚《た》きつけて争いを大きくするなど。その反対に人を愛して赦《ゆる》し、人の祝福を祈るものになりたいです。神様はそれを喜ばれます。

主ご自身が忌み嫌うものが七つある。高ぶる目、偽りの舌、咎《とが》なき者の血を流す手、邪悪な計画をめぐらす心、悪へと急ぎ走る足、まやかしを吹聴する偽りの証人、兄弟の間に争いを引き起こす者。

（旧約聖書・箴言6章16～19節）

第３章　愛されているから

自分で頑張って成功し、自分はすごく立派な人だ、と安心している生き方は虚しいものです。それは罪の生き方で、最後にあるのは死だけです。安心は神様からキリストを通して与えられるプレゼントなのです。それは死を超えて永遠です。神様はあなたを愛し、救われます。その愛を信じることです。

罪の報酬は死です。しかし神の賜物は、私たち主イエス・キリストにある永遠のいのちです。

（新約聖書・ローマ人への手紙6章23節）

人生、山あり谷ありですね。苦しいときは神様から見捨てられたのかなと不安になります。いいえ、神様は見守っておられます。「苦しいです、助けてください」と、祈りましょう。またうれしいとき、よかったと思うときは、「神様、ありがとうございます、感謝します」と賛美しましょう。

あなたがたの中に苦しんでいる人がいれば、その人は祈りなさい。喜んでいる人がいれば、その人は賛美しなさい。

（新約聖書・ヤコブの手紙5章13節）

人生、なかなか思うようになりませんね。それでイライラしたり、焦ったり、ガッカリしたりしがちです。神様は私たちを愛して、いつも優しく見守ってくださっています。だから人生のハンドルを神様にお任せしてみませんか？　神様が一番いい方向に導いてくださいますよ。

あなたのわざを主にゆだねよ。そうすれば、あなたの計画は堅く立つ。
（旧約聖書・箴言16章3節）

人生に起こるいろいろな出来事、すべては神様の赦《ゆる》しと祝福の中にあります。全部、神様のコントロール下なのです。ですから何があっても恐れることはありません。むしろそれを感謝して、これから起こることに期待しましょう。愛の神様はすべてを益に変えてくださいます。

すべてのことにおいて感謝しなさい。これが、キリスト・イエスにあって神があなたがたに望んでおられることです。

（新約聖書・テサロニケ人への手紙第一5章18節）

人間にはできないことがあります。その最大のものが、自分を完全にきよいものとし、神様から合格を頂くことです。そんなこと、私には永遠にできない自信があります。しかし神様に不可能はありません。キリストによって私たちをきよめ、罪のない者とし、救ってくださるのです。

「……神にとって不可能なことは何もありません。」
（新約聖書・ルカの福音書1章37節）

全く汚れのない人間は一人もいません。ですから本当は全くきよい神様の恵みを受ける資格はないのです。しかし、すばらしいことがあります。キリストが人間の汚れのすべての責任を取って十字架で死んでくださったのです。それによって私たちは救われ、神様の豊かな恵みを受けることができるようになったのです。うれしいですね。

すべての人は罪を犯して、神の栄光を受けることができず、神の恵みにより、キリスト・イエスによる贖《あがな》いを通して、価なしに義と認められるからです。
（新約聖書・ローマ人への手紙3章23、24節）

上を見上げて宇宙を見ています。神様、あなたがあの月も星も造られました。あなたは何と偉大なお方でしょう。そんな神様が私たち人間をいつも見守っておられるのです。驚きです。私たちにそんな価値があるのでしょうか。でも、あなたは私たちをいつも心配していてくださいます。

人とは何ものなのでしょう。
あなたが心に留められるとは。
人の子とはいったい何ものなのでしょう。
あなたが顧みてくださるとは。
あなたは人を御使《みつか》いより
わずかに欠けがあるものとし
これに栄光と誉れの冠を
かぶらせてくださいました。

（旧約聖書・詩篇8篇4、5節）

何があっても、どんなときも、神様を信頼しましょう。だいじょうぶ、何とかしてくださる、と。あなたを愛しておられる神様は一時的に悪いことになっても、最終的には全部良くしてくださいますから。神様はどんな雨風、嵐でも微動だにしない岩のように頼りがいのあるお方です。

志の堅固な者を、あなたは全き平安のうちに守られます。その人があなたに信頼しているからです。いつまでも主に信頼せよ。ヤハ、主は、とこしえの岩だから。

（旧約聖書・イザヤ書26章3、4節）

「わたしはいつも人々のそばにいて、心のドアをノックしています。『わたしはあなたを愛しています』と。ぜひこの声を聴いて、心のドアを開けてほしいのです。わたしはあなたの重荷を取り去り、平安を与えます。そしてうちとけあって話をしたいのです。どうかわたしを入れてください。」

「……見よ、わたしは戸の外に立ってたたいている。だれでも、わたしの声を聞いて戸を開けるなら、わたしはその人のところに入って彼とともに食事をし、彼もわたしとともに食事をする。……」

（新約聖書・ヨハネの黙示録3章20節）

私たちが救われたのは、私たちが何かをしたからではなく、神様が一方的にあわれんでくださったのです。それで私たちはキリストを通して神様と仲直りすることができました。そして神様は私たちに、この仲直りのすばらしさを人々に伝えるという働きをプレゼントしてくださったのです。名誉なことです。

これらのことはすべて、神から出ています。神は、キリストによって私たちをご自分と和解させ、また、和解の務めを私たちに与えてくださいました。
(新約聖書・コリント人への手紙 第二5章18節)

私たちに必要な水とか空気、食べ物、また自然の恵み、美しさ、互いに思いやる優しさなど、この世界にあるすばらしいものは全部、神様からの愛のプレゼントです。神様は光そのものですから、影も、変化もありません。いつまでも変わらず、私たちを愛してくださっています。

すべての良い贈り物、またすべての完全な賜物は、上からのものであり、光を造られた父から下って来るのです。父には、移り変わりや、天体の運行によって生じる影のようなものはありません。

（新約聖書・ヤコブの手紙1章17節）

私たちは完全ではなく、間違い、失敗もします。だから互いに理解して、責めず、赦《ゆる》し合うことです。キリストも私たちを叱らないばかりか、私たちの罪の責任を全部引き受けて、十字架で死に復活して、赦し、救ってくださいました。ですから私たちも同じようにするのです。

互いに忍耐し合い、だれかがほかの人に不満を抱いたとしても、互いに赦し合いなさい。主があなたがたを赦してくださったように、あなたがたもそうしなさい。

（新約聖書・コロサイ人への手紙3章13節）

私たちを愛されている神様をしっかり信じましょう。悪魔は「お前のようなダメな人間を愛されるわけがない」と言って、私たちを神様から離そうとします。断固として拒否しましょう。「いや、私は愛され、キリストによって救われている」と。

神に従い、悪魔に対抗しなさい。そうすれば、悪魔はあなたがたから逃げ去ります。

（新約聖書・ヤコブの手紙４章７節）

祈りは神様との会話です。まずは神様のおことばを思い出すことです。「わたしはあなたを愛している、必ず救う、わたしを信じて」と。すると心に感謝があふれてきます。「神様、ありがとうございます」と。その会話をいつも楽しんでください。それが祈りなのです。

たゆみなく祈りなさい。感謝をもって祈りつつ、目を覚ましていなさい。
(新約聖書・コロサイ人への手紙4章2節)

神様はすべてを一番良いタイミングで導かれます。ですから私たちに起こることもすべて、一番良い時に一番良いことにしてくださいます。また、私たちはそんな神様を全部知り、神様のされることを全部理解できませんが、私たちをいつも思っていてくださる神様をそのまま信じて生きましょう。

神のなさることは、すべて時にかなって美しい。神はまた、人の心に永遠を与えられた。しかし人は、神が行うみわざの始まりから終わりまでを見極めることができない。

（旧約聖書・伝道者の書3章11節）

神様は私たちを愛して、必要なものをすべて与えてくださいます。そもそもこの世界で生きることを赦《ゆる》し、命を与えてくださいました。けれども私たちは目先のこの世のこと、食べ物や着る物、心配事で悩みます。一番大切な命を与えられた方はその他の物も、ちゃんと備えてくださいます。

「……わたしはあなたがたに言います。何を食べようか何を飲もうかと、自分のいのちのことで心配したり、何を着ようかと、自分のからだのことで心配したりするのはやめなさい。いのちは食べ物以上のもの、からだは着る物以上のものではありませんか。……」

（新約聖書・マタイの福音書6章25節）

神様は私たちをとても愛してくださっています。ですから神様の恵みとその愛は、私が生きている間ずっと豊かに注がれます。もし私が逃げたとしても、祝福が追いかけてきます。私は死んでも、永遠に、ずっと神様の家で過ごすことができるのです。とってもうれしいです、最高です。

まことに私のいのちの日の限り
いつくしみと恵みが私を追って来るでしょう。
私はいつまでも主の家に住まいます。

（旧約聖書・詩篇23篇6節）

神様は私に命を与え、この世界に存在させてくださいました。あなたは私をとても精密で見事なものに造ってくださいました。ありがとうございます。神様の知恵と力と愛がどんなに偉大であるか、私の存在自身が物語っています。私は神様のすばらしさを知っています。

あなたこそ私の内臓を造り
母の胎の内で私を組み立てられた方です。
私は感謝します。
あなたは私に奇しいことをなさって
恐ろしいほどです。
私のたましいはそれをよく知っています。

（旧約聖書・詩篇139篇13、14節）

神様は愛だと言うと、「ではどんな生き方でも神様は愛してくれるのか?」と言う人がいます。それは違います。神様はだまされません。神様は赦《ゆる》されますが、この世ではその報いを必ず受けることになります。神様に愛されて喜んでいる人は、悪いことはしたくなくなるのです。

思い違いをしてはいけません。神は侮られるような方ではありません。人は種を蒔けば、刈り取りもすることになります。
（新約聖書・ガラテヤ人への手紙6章7節）

神様は優しくて気前のいいお方です。どんな人であっても、「神様、助けてください」とお願いして、「あなたなんかダメです、救うわけないでしょ！」と断られる人はだれ一人いないのです。だれでも、差別なく、助け、救ってくださるのです。とっても太っ腹ですね。

「……しかし、主の御名《みな》を呼び求める者はみな救われる。」

（新約聖書・使徒の働き2章21節）

神様はどんなときも愛のお方です。しかし、いつもいいことばかりではありません。つらくて、苦しくて、夜も寝られないときもあります。でも神様は決して私たちを忘れてはおられません。必ず朝が来るように、不思議な解決を与えてくださいます。やはり神様は愛のお方です。

まことに御怒《みいか》りは束の間
いのちは恩寵《おんちょう》のうちにある。
夕暮れには涙が宿っても
朝明けには喜びの叫びがある。
（旧約聖書・詩篇30篇5節）

「問題が起こると心配で、不安になります。最大の恐ろしい問題は自分の死です。自分が死ぬことなど考えたくもありません。しかし、神様とわたし（キリスト）を信頼しましょう。だいじょうぶ、必ず天の国に入れます。わたしはそのために、この世界に来たのですから。」

「あなたがたは心を騒がせてはなりません。神を信じ、またわたしを信じなさい。わたしの父の家には住む所がたくさんあります。そうでなかったら、あなたがたのために場所を用意しに行く、と言ったでしょうか。……」

（新約聖書・ヨハネの福音書14章1節）

救われるために、激しい修行、訓練、努力はいりません。神様はキリストによってそれを代わりになしてくださり、私たちがすることは何もないのです。だから、キリストが十字架で死んで復活して、私を救ってくださった、と素直に喜べばいいのです。それが信じることです。

なぜなら、もしあなたの口でイエスを主と告白し、あなたの心で神はイエスを死者の中からよみがえらせたと信じるなら、あなたは救われるからです。

（新約聖書・ローマ人への手紙10章9節）

いい人のために何かしてあげたいと思います。しかし悪い人には決してそのようには思いません。しかしキリストは私たちがまだ神様を信じておらず、逆らっていた時に、私たちを救うために十字架で死なれたのです。驚きです。それほどまでに神様は私たちを愛してくださったのです。

しかし、私たちがまだ罪人であったとき、キリストが私たちのために死なれたことによって、神は私たちに対するご自分の愛を明らかにしておられます。
(新約聖書・ローマ人への手紙5章8節)

イエス様は昨日も今日も明日も、永遠に変わらないお方です。ですからあなたを思う愛の心も、何があってもずっと変わりません。いつも共にいてくださり、見守り、どんなときもあなたの味方になってくださいます。今日もイエス様を信じて、安心して生きましょう。

イエス・キリストは、昨日も今日も、とこしえに変わることがありません。
（新約聖書・ヘブル人への手紙13章8節）

キリストは神様なのに威張らず、謙遜で、自分を低くし、人に仕えられました。それは人間の心の汚れの責任を取って十字架にかかって死なれるほどでした。神様の導きに従われたのです。それによって私もあなたもすべての罪が赦《ゆる》されて、救われました。驚くばかりの愛です。

キリストは、神の御姿《みすがた》であられるのに、神としてのあり方を捨てられないとは考えず、ご自分を空しくして、しもべの姿をとり、人間と同じようになられました。人としての姿をもって現れ、自らを低くして、死にまで、それも十字架の死にまで従われました。

（新約聖書・ピリピ人への手紙2章6～8節）

キリストはバカにされ、人から見捨てられました。人々の痛みも、病気の苦しさも知っておられました。私たちのどんな苦しみも理解してくださいます。しかし、私たちはキリストを軽んじたのです。キリストはそういう私たちの罪と汚れ、自己中心のために十字架で死なれたのです。

彼は蔑まれ、人々からのけ者にされ、悲しみの人で、病を知っていた。人が顔を背けるほど蔑まれ、私たちも彼を尊ばなかった。まことに、彼は私たちの病を負い、私たちの痛みを担った。

（旧約聖書・イザヤ書53章3、4節）

この世界は偶然にできたものではなく、神様が私たち人間を愛して私たちのために造られたのです。だから特に地球はとても住みやすい宇宙の中でもまれな所です。神様はいつも私たちを優しく見守ってくださり、そしてすべてを益にするすばらしい知恵をもっておられます。

あなたは知らないのか。聞いたことがないのか。主は永遠の神、地の果てまで創造した方。疲れることなく、弱ることなく、その英知は測り知れない。
（旧約聖書・イザヤ書40章28節）

すっごくうれしいんです！　神様はイエス・キリストを通して私たちのすべての罪を赦《ゆる》し、きよめ、救ってくださったのですから。この世の人々にどう見えてもかまいません。私たちは人生の勝利者となったのです！　神様がそうしてくださいました。

しかし、神に感謝します。神は、私たちの主イエス・キリストによって、私たちに勝利を与えてくださいました。
（新約聖書・コリント人への手紙第一15章57節）

おわりに

――私の内に大きな感動があります。それは神様の愛に対するものです。神様がこんな汚れている者、罪深い者を愛して、赦《ゆる》して、救ってくださったことに感謝と喜びがわき上がってくるのです。私は人に対してキレイなふりをしていても、内側がどんなに惨めな者であるか！　こんな人間を神様は愛されないし、存在すら意識しておられないと思っていました。しかし、そうではなく、神様はいつも私を気にかけて見ていてくださり、祝福してくださっているのです！　しかも、私だけではなく、どんな人も例外なく気にかけ、愛して救われることを知って、その喜びは更に大きくなりました。ですから私の願いは皆さんにこの神様の愛を知って安心してほしいということなのです。――

右の文は、夫、木坂聖一が以前に記したものです。夫は、その願いに対して神様から示されることは何でもチャレンジしました。その一つが二〇一〇年からTwitter《ツイッター》等のSNSに毎朝投稿した「木坂超訳聖書」です。

Twitterには一四〇字という文字制限があります。その一四〇字にその日その日の聖書のことばから「神様はあなたのそばにいつもおられるあなたの味方！　だからだいじょうぶ、安心して！」と、神様がお一人お一人を思う心、その愛を、どなたにも伝わることばで届けてきました。

毎朝、この「木坂超訳聖書」を読んで、二人で祈って出勤されていたご夫妻、通勤電車の中で、会社や学校の昼休みに、寝る前に読んでくださっていた方もおられました。

こうして「木坂超訳聖書」は、携帯電話やパソコンからクリスチャンであるなしを問わず、たくさんの方々に愛して用いていただきました。夫がクモ膜下出血で倒れた二〇二二年四月十九日の朝も、教団理事会出席のため東京へ向かう新幹線の中から夫は——誰でも遠慮なく「神様、助けてください！」と言っていいのです。神様は喜んで救ってくださいます。だいじょうぶです。あなたも神様に愛されています！——と発信していました。

夫は倒れる前に「この『超訳聖書』を本にしたいので、読んで推敲してほしい」と私に原稿を渡していました。夫の入院中、その原稿を敬愛するいのちのことば社の宮田真実子姉に送ると、涙と共に一緒に祈り、この本の発刊のためにご尽力くださいました。また、十二年分の膨大な「木坂超訳聖書」のデータを抽出し、整理してくださった大阪桃谷教会の平野暢宏兄のご奉仕があって発刊に至りました。

そして何より、この超訳聖書がスタートした二〇一〇年に牧会させていただいていた出雲南教会（みなみちゃぺる）の皆様、二〇一四年から今日に至るまで篤《あつ》い祈りをもって牧師の働きを支えてくださった大阪桃谷教会の皆様、そして、この木坂超訳聖書を愛して毎日用いてくださっていた皆様に心から感謝致します。

夫は、神様のあわれみで、意識が回復し、年が明け牧師館に帰って、この本の著者校正を一緒にできるまでに癒やしていただきました。ただまだ回復の途上で、あとがきは私が書かせていただきました。本当は夫に書かせてあげたかった。しかし、夫の命を守ってくださった神様は、必ず夫にこの超訳聖書の続きを書かせてくださり、この拙著の続編に今度は夫自らあとがきを書く日がくることを信じています。

そしてこの拙著が一人でも多くの方に、日々神様からの安心と元気を届ける助けとなるように、夫と心を合わせて祈るものです。

二〇二三年二月 恵日

木坂 貢子

■著者プロフィール

木坂 聖一（きさか・せいいち）

1955年、島根県大田市生まれ。

関西聖書神学校、日本ナザレン神学校卒業。

日本ナザレン教団出雲南教会で25年牧会後、2014年より日本ナザレン教団大阪桃谷教会牧師。

2010年よりTwitter（その後Instagram、Facebook）に、毎朝「木坂超訳聖書」を投稿。Twitterでは3万人のフォロワーに神様の安心を届ける。

好物は甘いもの（プリン、おはぎなど）とカレーライス。元エンジニアでコンピューターの修理、物作りが得意なほか、ルービックキューブの名人でもある。

著書に『楽しく伝道する五つの秘訣』（日本ナザレン教団伝道委員会）がある。

だいじょうぶ牧師の元気が出る聖書のことば
140字の福音

2023年4月20日発行
2023年11月25日3刷

著者　木坂 聖一

発行　いのちのことば社フォレストブックス

〒164-0001 東京都中野区中野2-1-5
編集 Tel.03-5341-6924 Fax. 03-5341-6932
営業 Tel.03-5341-6920 Fax. 03-5341-6921

装丁・装画　のだますみ

聖書 新改訳2017©2017 新日本聖書刊行会
許諾番号4-1-844号

落丁・乱丁はお取り替えいたします。
Printed in Japan

ISBN978-4-264-04427-7